AF546801

Ein Tag in Pauls Familie

Arbeitsmaterial für kindliche Zeugen von häuslicher Gewalt

Daniel Seyfried
Regina Winkler

Illustrationen von Andrea Zielke

Impressum

Korrespondenzadresse:

Daniel Seyfried
Regina Winkler
Ärztliche und psychosoziale Beratungsstelle Neue Wege
Alexandrinenstraße 9
44791 Bochum
E-Mail: daniel.seyfried@caritas-bochum.de
regina.winkler@caritas-bochum.de

Im Sudhaus
Hechinger Straße 203
72072 Tübingen
E-Mail: dgvt-Verlag@dgvt.de
Internet: www.dgvt-Verlag.de

Illustrationen / Umschlagbild:	Andrea Zielke, Remscheid
Buchgestaltung:	Claudia Reichelt, Wuppertal
Titelschrift:	Valentin Zimmermann (10 Jahre)
Belichtung:	KOPP–desktopmedia, Nufringen
Druck:	Druckerei Deile GmbH, Tübingen
Bindung:	Karl Dieringer GmbH, Gerlingen

ISBN 978-3-87159-084-9

Bibliografische Information der Deutschen Nationalbibliothek

Die Deutsche Nationalbibliothek verzeichnet diese Publikation in der Deutschen Nationalbibliografie; detaillierte bibliografische Daten sind im Internet über http://dnb.d-nb.de abrufbar.

Ein Tag in Pauls Familie

Inhalt

Ein Tag in Pauls Familie

Einleitung

1. Einleitung

In Folge des Gewaltschutzgesetztes haben die Stadt Bochum und die Beratungsstelle Neue Wege ein Projekt entwickelt, das die Kinder, die Zeugen von häuslicher Gewalt geworden sind, in den Blick nimmt.
In der konkreten Arbeit mussten wir feststellen, dass es nicht nur an Informationen darüber mangelte, was Erleben von häuslicher Gewalt für Kinder bedeutet, sondern auch kaum Materialien zur Verfügung stehen, um mit den Kindern über das Erlebte ins Gespräch zu kommen und ihnen zu helfen, diese traumatisierenden Erfahrungen zu verarbeiten. Dies veranlasste uns dazu, dieses Buch zu erstellen, das nicht nur für unsere Arbeit eine Bereicherung geworden ist, sondern wie wir hoffen, auch für andere Berufsgruppen (Erzieher, Lehrer, Therapeuten), die mit diesem Thema konfrontiert sind. Bei der Arbeit mit diesem Buch, kann es dazu kommen, dass die Kinder auch von anderen Gewalterfahrungen berichten. Daher sollte sich jeder, der mit diesem Buch arbeiten will, mit dem Thema Gewalt gegen Kinder auseinandergesetzt haben, sowohl theoretisch, als auch die eigenen Gefühle betreffend.

Das Buch über Pauls Alltag kann sowohl in der Einzel- als auch Gruppenarbeit eingesetzt werden. Bei der Buchbetrachtung in der Gruppe bekommen die Kinder, indem sie über Paul sprechen, vielleicht zum ersten Mal eine Gelegenheit, ihre eigenen Erfahrungen mit häuslicher Gewalt zu äußern. Die Bilder und der dazugehörige Text sind bewusst offen und knapp gehalten, um eine mögliche Suggerierung weitestgehend auszuschließen. Eine offene Fragestellung bietet ihnen Raum, die eigenen damit verbundenen Gedanken, Gefühle und Wünsche auszusprechen. Darüber hinaus können sie möglicherweise im Austausch mit den anderen Kindern neue Wege kennen lernen, wie man mit Problemen umgehen kann.

Neben der Bearbeitung der gesamten Geschichte besteht die Möglichkeit, einzelne Bilder zur Gesprächseinführung und Themenvertiefung als Arbeitsblätter zu verwenden.

Die Geschichte von Paul ist der Dynamik von häuslicher Gewalt angepasst, so dass Kinder, die solche Erfahrungen machen mussten, sich in der Geschichte wiederfinden können. Durch dieses Buch können die Kinder lernen, dass ihre Reaktionen der Situation angemessen sind. (Viele Kinder glauben, sie hätten anders reagieren müssen, wie z. B. der Mutter helfen bei Attacken des Vaters; gute Stimmung zu Hause machen usw.). Im Anschluss wird die Dynamik der häuslichen Gewalt noch einmal ausführlich beschrieben. Auch Kinder, die keine Erlebnisse mit häuslicher Gewalt gemacht haben, kommen durch die offen gestaltete Geschichte über das, was sie gerade bewegt, ins Gespräch.

Ein Tag in Pauls Familie

Häusliche Gewalt und ihre Auswirkungen auf die kindliche Entwicklung

2. Häusliche Gewalt und ihre Auswirkungen auf die kindliche Entwicklung

Wenn der Begriff häusliche Gewalt verwendet wird, ist damit Gewalt gemeint, die zwischen erwachsenen Menschen stattfindet, die in einer nahen Beziehung zueinander stehen oder standen (unabhängig von dem Ort, an dem sie stattfindet). Hierbei handelt es sich überwiegend um eheliche oder eheähnliche Lebensgemeinschaften, aber auch um andere Verwandtschaftsbeziehungen.

Die häusliche Gewalt umfasst alle Formen der physischen, psychischen, sexuellen, sozialen und emotionalen Gewalt. (Koordinationsstelle des Berliner Interventionsprojekts bei häuslicher Gewalt). Sie wird in den meisten Fällen von Männern ausgeübt und ist gegen Frauen gerichtet. Häusliche Gewalt trifft Frauen aller Altersgruppen, Nationalitäten, sozialen Schichten und Religionen. Leben Kinder in einer Beziehung, in der häusliche Gewalt stattfindet, kann man davon ausgehen, dass etwa 90 % von ihnen diese in irgendeiner Weise miterleben.

Forschungsergebnisse aus den letzten Jahren zeigen darüber hinaus deutlich, dass ein enger Zusammenhang zwischen der Gewaltausübung gegen die Mutter und Gewalt gegen die Kinder besteht. So kamen Mullander und Morley 1994 zu dem Ergebnis, dass immer dann, wenn häusliche Gewalt stattfindet, eine hohe Wahrscheinlichkeit besteht, dass auch die in der Familie lebenden Kinder vernachlässigt, misshandelt oder missbraucht werden. Einige Quellen gehen von einer Häufigkeit von ca. 60 % aus. Weiter fanden sie heraus, dass bei Kindesmisshandlung durch den Vater die Wahrscheinlichkeit hoch ist, dass er auch gegen die Mutter Gewalt ausübt.

Sehen wir uns nun einmal genauer an, was sich "im echten Leben" hinter diesen Feststellungen verbirgt.

Wir beginnen mit der Gewalt gegen die Mutter. Hier gibt es natürlich große Unterschiede, was die Art und Weise der Gewalthandlungen angeht. Sie reichen vom Verbot der eigenen Erwerbstätigkeit, der sozialen Isolierung, Beschimpfungen, Demütigungen bis hin zu Schlägen, Tritten und Würgen. Auch der Einsatz von Messern und Schusswaffen ist nicht selten. Darüber hinaus werden viele Frauen von ihren "Partnern" zu den unterschiedlichsten sexuellen Handlungen gezwungen und auch vergewaltigt. Nach der Häufigkeit der Pressemeldungen zu urteilen, nehmen derartige Fälle seit einiger Zeit zu. Die Gewalt reicht bis zur Tötung des Opfers.

Neben der Art und Weise der Gewalt variiert in den einzelnen Fällen natürlich auch die Häufigkeit der Gewaltanwendungen. Manche Frauen erleben „nur" gelegentlich Beschimpfungen und/oder Misshandlungen, andere mehrmals am Tag. Wie wir schon erwähnt haben, erleben etwa 90 % der Kinder aus diesen Familien diese Gewalt mit, und es geschieht leider gar nicht so selten, dass sie darüber hinaus auch gezwungen werden, selbst in irgendeiner Form gewalttätig gegen die Mutter zu sein.

Einige Kinder befinden sich von Anfang an in dem Raum, in dem die Gewalt ausgeübt wird. Andere halten sich z. B. in ihrem Zimmer auf, und die Erwachsenen glauben, dass sie nichts von der Gewalt mitbekommen, vor allem, wenn die Gewalthandlungen am späten Abend oder in der Nacht stattfinden und die Eltern davon ausgehen, dass die Kinder schlafen. Nach unserer Erfahrung ist dies meist etwas, dass sich die Mütter wünschen. Aus unserer Arbeit mit den Kindern wissen wir, dass die Kinder in der Regel durch Weinen, Schreien, Poltern, z. B. von umfallenden Gegenständen, wach werden, oder, wenn die Stimmung schon vor dem Zubettgehen „geladen“ war, vor Angst gar nicht erst einschlafen. Manchmal können die Kinder nicht verstehen, was nebenan gesagt bzw. geschrien wird. Sie nehmen aber sehr deutlich die gewalttätige Stimmung wahr und spüren die Gefahr, in der sich die Mutter befindet.

Einige Kinder berichten uns, dass sie dann, wenn sie diese Sorge um die Mutter nicht mehr ertragen können, aufstehen und in das „Tatzimmer“ gehen mit der Vorstellung, die Gewalt zu beenden. Dort sehen sie dann natürlich auch, was geschieht.

Manche Mütter versuchen nun ihrerseits die Gewalt zu beenden, indem sie ein Kind auf den Arm nehmen - in der Hoffnung der Mann würde aufhören, sie zu schlagen, um das Kind nicht zu gefährden. Dies ist in der Regel eine Illusion und führt dazu, dass das Kind nun auch direktes Opfer der Gewalt wird. Um besser verstehen zu können, wie das Miterleben von Gewalt auf die Kinder wirkt, möchten wir nun aufzeigen, in welcher Atmosphäre diese Kinder aufwachsen bzw. wie ihr Leben von der Gewalt geprägt wird.

Jede Form von Gewalt beinhaltet Demütigung und Erniedrigung. Da dies in Fällen von häuslicher Gewalt in der Regel die Mutter - also eine Frau - trifft, erleben die Kinder diese als schwach, hilflos, unterlegen, aber auch als nicht bedrohlich.

Der Vater - ein Mann - hingegen wirkt stark, bestimmend und übermächtig, daneben auch angsteinflößend. Sehr oft haben die Kinder den Eindruck, dass sie die Mutter unterstützen, ja sogar beschützen müssen. Dieses Phänomen zeigt sich nicht erst bei Jugendlichen, sondern schon bei Kindergartenkindern. Viele Kinder - hauptsächlich die noch sehr jungen - fühlen sich für das „Ausflippen" des Vaters verantwortlich, weil sie beispielsweise zu laut waren oder ihre Spielsachen nicht weggeräumt haben. In diesem Glauben werden sie noch bestärkt, wenn sie hören, dass der Vater der Mutter vorwirft, sie sei nicht einmal in der Lage, die Kinder ordentlich zu erziehen. Aber auch die angstvolle Erinnerung der Mutter, doch bitte aufzuräumen oder leise zu sein, damit der Papa sich nicht wieder ärgern muss, unterstützt die Kinder in ihrer Vorstellung. Dies führt oft dazu, dass die Kinder versuchen, sich so zu verhalten, als gäbe es sie gar nicht.

Etwas ältere Kinder - damit meine ich Kinder ab dem Grundschulalter - erzählen uns des Öfteren, dass sie ganz bewusst etwas tun, was ihnen verboten ist, um den prügelnden Vater von der Mutter abzulenken und dessen Wut auf sich zu ziehen, damit die Mutter sich in Sicherheit bringen kann. In vielen Fällen sind es auch die Kinder, die ihre - zum Teil schwer verletzten - Mütter versorgen und zumindest für die Zeit, in der die Mutter - bedingt durch die Verletzungen - ausfällt, den Haushalt führen, was oft auch die Betreuung jüngerer Geschwister beinhaltet.

Ein weiterer wichtiger Punkt ist, dass die Mütter, die misshandelt werden, aufgrund ihrer eigenen Traumatisierung häufig nicht in der Lage sind, die Bedürfnisse ihrer Kinder zu erkennen und sich angemessen um sie zu kümmern. Dies kann bedeuten, dass die Kinder mangelernährt sind, keine Unterstützung bei den Hausaufgaben erhalten oder auch niemanden haben, der sich ihre ganz normalen Freuden und Probleme anhört. Die Mütter erleben sich selbst oft als unfähig, ihrer Verantwortung den Kindern gegenüber gerecht zu werden und ihre Mutterrolle auszufüllen.

Häusliche Gewalt ist auch in unseren Tagen ein Tabu. Die Kinder können meist niemandem anvertrauen, was sie in ihrem Zuhause erleben müssen. Zum einen, weil sie sich dafür schämen und Sorge haben, dass sie von den anderen verachtet werden, weil sie oft glauben, dass es so etwas nur bei ihnen gibt, zum anderen aber auch, weil sie erleben, dass die Eltern anderen gegenüber so tun, als sei alles in Ordnung. Auch wenn die Mutter Geschichten erfindet, um Freunden und Verwandten die Verletzungen zu erklären, wird ihnen signalisiert, dass über die Gewalt, die sie immer wieder miterleben, nicht gesprochen werden darf.

Ein relativ großer Teil der Familien, in denen häusliche Gewalt stattfindet, führt ein eher isoliertes Leben. Hier ist häufig der Vater der Einzige, der soziale Kontakte pflegt und dafür oft auch viel Zeit und Geld aufwendet. So bekommen die Kinder vermittelt, dass der Vater die wichtigste Person in der Familie ist und dass das Familieneinkommen in erster Linie seinen Interessen vorbehalten ist. Dies bedeutet, dass die Kinder auf vieles verzichten müssen, was für ihre Altersgefährten selbstverständlich ist.

Es kommt vor, dass eine Frau in einer akut lebensbedrohlichen Situation ohne ihre Kinder flüchtet, weil sie keine andere Möglichkeit sieht, sich zu schützen. Für die Kinder kann das bedeuten, dass sie nun der Gewalt völlig ausgeliefert sind.

Auch wenn es einer Frau gelingt, sich mit den Kindern von ihrem gewalttätigen Lebenspartner zu trennen, bedeutet dies nicht automatisch, dass sie in Sicherheit sind. Die Bedrohungen gehen häufig weiter und werden sogar noch gesteigert. Das Risiko, vom Partner bzw. dem Vater getötet zu werden, ist nie höher als in der Trennungsphase. Diese kann sich durch diverse Sorgerechts- oder Umgangsrechtsverfahren über Jahre erstrecken.

Sehr oft nutzen gewalttätige Männer die Übergabephasen vor und nach den Besuchskontakten dazu, ihre Exfrau weiter zu beschimpfen und zu bedrohen. Auch kommt es bei diesen Gelegenheiten immer wieder vor, dass körperliche Gewalt angewendet wird.

Die Besuchskontakte selbst werden gerne genutzt, um die Mutter vor den Kindern schlecht zu machen oder die Kinder durch Gewaltandrohungen gegen sie selbst oder die Mutter zur Einhaltung der Kontakte zu zwingen.

Wenden wir uns nun den Auswirkungen dieser „Lebenserfahrungen“ auf die Kinder zu.

Das Erleben von Gewalt stellt grundsätzlich ein extremes, überflutendes Ereignis dar, dem man nicht ausweichen kann. Es ruft Gefühle wie Angst, Hilflosigkeit, Schmerz, Scham sowie Versagenserlebnisse hervor. Welche Schäden bzw. Störungen auftreten und in wie weit diese in die Zukunft wirken, hängt von unterschiedlichen Faktoren ab.

Von besonderer Bedeutung sind aber die Entwicklungs- und Erfahrungsreife des Opfers zum Zeitpunkt des Gewaltgeschehens. Bei Kindern spielt vor allem der Grad des Vertrauens in die Eltern, andere erwachsene Pflegepersonen, die Geschwister und Gleichaltrige eine wichtige Rolle. Da die häusliche Gewalt aber gerade von einem Eltern- oder Ersatzelternteil ausgeübt wird, ist davon auszugehen, dass die Vertrauensbildung stark beeinträchtigt wird. Durch die akute Bedrohungssituation, in der sich die Kinder beim Miterleben der häuslichen Gewalt befinden sowie die Todesangst um die Mutter und die massive Ohnmacht, die sie dabei fühlen, ist die Gefahr, ein schweres posttraumatisches Belastungssyndrom zu entwickeln, sehr groß.

Die häusliche Gewalt ist für die Kinder eine Bedrohung - sowohl für den Leiib als auch für die Seele.

So kann die Vernachlässigung, von der wir schon sprachen, nicht nur zu Entwicklungsrückständen führen, sondern in extremen Fällen auch schwere gesundheitliche Schäden verursachen - wie z. B. Mangelerscheinungen.

Auf der psychischen Ebene sind, neben den überwältigenden Ängsten und der Hilflosigkeit, die extremen, sich oft widersprechenden Gefühle den Eltern gegenüber von besonderer Bedeutung. So können die Kinder beispielsweise nicht verstehen, dass sie den Vater einerseits wegen seiner Gewalttätigkeit hassen und ihm vielleicht sogar manchmal den Tod wünschen, und sich auf der anderen Seite danach sehnen, mit ihm spielen und schmusen zu können - so wie andere Kinder es mit ihren Vätern tun. Ebenso fühlen sie sich oft in der Beziehung zur Mutter hin und her gerissen. Diese tut ihnen meist Leid und sie machen sich große Sorgen um sie. Es kann aber auch - zumindest zeitweise - dazu kommen, dass sie die Mutter ablehnen, ja sogar verachten, weil sie so schwach ist. Dies erleben wir vor allem bei älteren Kindern und Jugendlichen.

Für die negativen Gefühle schämen sich die Kinder in der Regel sehr und ihre manchmal sehr gewalttätigen Bestrafungsfantasien den Vater betreffend machen ihnen Angst.

Dies alles kann dazu führen, dass sich die Kinder als unnormal erleben und sogar glauben, sie seien verrückt. Da die Kinder - wie schon gesagt - keine Möglichkeit haben, über das, was sie erleben, was sie fühlen und denken, zu reden, können sie dies auch nicht verarbeiten. Eine breite Palette von Auffälligkeiten wie Schreckhaftigkeit, Schlafstörungen, Albträume, Konzentrations- und Ausdauerstörungen, Ängste, Lernstörungen, Schuleschwänzen, hohe Gewaltbereitschaft,

Depressionen, Alkohol- und Drogenmissbrauch, mangelndes Selbstwertgefühl, Beziehungsstörungen und vieles mehr können die Folge sein.

Auf einige Symptome möchten wir kurz eingehen:

Lernstörungen

Bei Untersuchungen von Vorschulkindern, die sowohl innerfamiliärer, als auch Gewalt aus der Umgebung ausgesetzt waren, wurde eine Beeinträchtigung der Fähigkeit, etwas in erzählender Form darzustellen, festgestellt. Diese Fähigkeit ist aber eine wichtige Voraussetzung für das Erlernen von Schreiben und Lesen (Osofsky 1993).

Schuleschwänzen

Viele Kinder aus Gewaltbeziehungen haben ständig Angst, der Vater könnte die Mutter töten. Vor allem diejenigen, die sich immer wieder selbst opfern, um die Mutter zu schützen. Sie trauen sich deshalb kaum, diese alleine zu lassen.

Hohe Gewaltbereitschaft

Neuere Untersuchungen haben ergeben, dass Kinder, die häusliche Gewalt erlebt haben, dreimal häufiger gewalttätig werden als andere. Bei Jungen ist die Gefahr besonders groß, da sie, wenn der Vater/Ersatzvater gewalttätig war, kein positives männliches Rollenverhalten lernen konnten.

Mangelndes Selbstwertgefühl

Die Kinder aus Gewaltbeziehungen, mit denen wir bisher gearbeitet haben, hatten alle das Gefühl, versagt zu haben, da sie es nicht geschafft haben, die Mutter dauerhaft vor den Misshandlungen zu schützen. Besonders ausgeprägt waren diese Vorstellungen bei den Jungen. Sie waren meist auch davon überzeugt, dass sie weniger leisten als andere Kinder. Für die langfristige Entwicklung der Kinder besteht vor allem die Gefahr, dass sie aufgrund der Vorbildfunktion der Eltern, besonders hinsichtlich der Geschlechtsidentität, als Erwachsene ihre Beziehungen in gleicher Weise gestalten wie diese.

Zu Beginn haben wir darauf hingewiesen, dass bei Gewalt gegen die Mutter sehr oft auch Gewalt gegen die Kinder ausgeübt wird. In diesen Fällen ist die Wahrscheinlichkeit, dass massive Störungen auftreten und zu langfristigen Schäden führen, noch höher. Um die Kinder besser vor den Folgen der häuslichen Gewalt zu schützen, ist es notwendig, ihre Rechte auszubauen. Dies bedeutet unter anderem, dass das Umgangsrecht des Elternteils, der die häusliche Gewalt ausgeübt hat, solange ausgesetzt werden kann, bis keine Gefahr mehr für den misshandelten Partner und das Kind besteht. Dies ist in den einzelnen Fällen genau zu prüfen. Es kann durchaus sein, dass es für einige Kinder wichtig ist, weiterhin Kontakt zum Vater zu haben, eventuell begleitet.

Dafür erscheint es uns hilfreich, die Möglichkeit zu schaffen und dann auch zu nutzen, dem Gewalttäter eine Therapieauflage zu verordnen.

Weiter sehen wir die Notwendigkeit, die Zusammenarbeit zwischen den Hilfeeinrichtungen für Frauen und Kinder zu intensivieren.

Darüber hinaus sollten die Hilfeangebote für Kinder ausgebaut und weiter qualifiziert werden.

Literatur

Kavemann, Barbara
Kinder und häusliche Gewalt - Kinder misshandelter Mütter
Ministerium für Gesundheit, Soziales, Frauen und Familie des Landes Nordrhein Westfalen, Fachtagung Kinder in Gewaltbeziehungen, 2002

Ein Tag in Pauls Familie

15 Bilder und Fragen zu „Ein Tag in Pauls Familie“

1

Paul hat wieder einmal Probleme im Unterricht zu zuhören was, Frau Müller erzählt. Egal wie sehr er sich auch anstrengt, seine Gedanken machen einfach, was sie wollen.

Da sagt Frau Müller auch schon: „Paul wo bist du denn schon wieder mit deinen Gedanken?“

2

Auf dem Nachhauseweg sagt Kevin: „Hey Leute, wir treffen uns um drei am Fussballplatz. Paul du kommst doch auch, oder?“

Paul antwortet: „Nee, geht nicht, meine Mutter ist krank, und da muss ich noch einkaufen.“

3

Die Kinder wundern sich darüber.

Tim sagt:
„Der kann in der letzten Zeit nie, da stimmt doch was nicht.“

4

Vor der Tür bleibt Paul stehen und holt tief Luft.

Er denkt, hoffentlich ist heute
alles gut.

5a

Wie immer, wenn Paul nach Hause kommt, geht er heute wieder durch die ganze Wohnung, um nachzusehen, ob alles in Ordnung ist.

5b

5c

6

Paul ist erleichtert und sagt zu sich:
„Klasse, heute ist nichts passiert."

7

Am Nachmittag machen sich Paul und seine Mutter eine schöne Zeit.
Paul sagt: „Mama, heute ist wirklich ein schöner Tag.
Das finde ich auch“, antwortet Mama.

8

Plötzlich schaut Mutter auf die Uhr und sagt:
„Lass uns schnell aufräumen, Papa kommt gleich, und du weißt,
dann muss alles in Ordnung sein!“

9

Als der Vater nach Hause kommt, läuft Paul ihm entgegen und sagt, „Papa kuck mal meine Hausaufgaben sind schon fertig, und die Mama hat das Essen auch gleich fertig.“

10

Nach dem Essen ruht der Vater sich aus.

11

Die Mutter und Paul spülen das Geschirr.
Paul sagt: „Du Mama, ich glaube, heute hat Papa gute Laune."

12

Als Paul im Bett ist ließt Papa ihm eine gute Nachtgeschichte vor.
Paul denkt:„Warum kann es nicht immer so sein."

13

Paul wünscht seinem Teddy eine gute Nacht und sagt:
„Du Teddy, ich glaube, heute bleibt alles ruhig.“

14

Einige Zeit später hört Paul laute Geräusche. Er bekommt Angst und geht zur Tür.
Er fragt sich, was ist denn jetzt schon wieder los.

15

Hilflos klettert Paul wieder in sein Bett. Fest drückt er seinen Teddy an sich und sagt:
„Ach Teddy, was sollen wir nur tun.“

Ein Tag in Pauls Familie

Arbeitsmaterial *(als Kopiervorlage)*

Fragestellung bei Verdacht auf häusliche Gewalt

Therapie

Arbeitsmaterial *(als Kopiervorlage)*

1

Fragestellung bei Verdacht auf häusliche Gewalt:

- Schreibe oder male, welchen Inhalt der Tagtraum von Paul gerade hat, oder woran er gerade denkt?
- Welche Tagträume hast du manchmal?

Therapie:

- Wie ist es dir ergangen und wo warst du mit deinen Gedanken?
- Glaubst du, dass es dir geholfen hätte, wenn die Lehrerin genauer nachgefragt hätte?
- Hätte sonst noch jemandem etwas auffallen müssen?

2

Fragestellung bei Verdacht auf häusliche Gewalt:

- Wer übernimmt die Aufgaben im Haushalt, wenn deine Mutter krank ist?
- Welche Aufgaben gibt es bei euch zu Hause? Und wer erledigt welche?

Therapie:

- Warum benutzt Paul eine Ausrede?
- Was glaubst du wäre passiert, wenn du die Wahrheit erzählt hättest?
- Was wäre das Schlimmste gewesen, was hätte passieren können?

3

Fragestellung bei Verdacht auf häusliche Gewalt:

- Welche Gründe könnte es noch geben, warum Paul sich nicht mehr so häufig mit seinen Freunden trifft?
- Was würdest du denken, wenn deine Freundin/Freund ständig etwas anderes zu tun hätten?

Therapie:

- Was hat sich bei dir verändert? (bezogen auf: Freunde, Familie, Opa, Oma, Vereine)

4

Fragestellung bei Verdacht auf häusliche Gewalt:

- Was geht Paul wohl durch den Kopf?
- Mit was für einem Gefühl kommt er nach Hause?
- Gibt es etwas, worauf Paul sich freut?

Therapie:

- Was ging dir durch den Kopf?
- Welche Gefühle hattest du, wenn du nach Hause kamst?

5a
5b
5c

Fragestellung bei Verdacht auf häusliche Gewalt:

- Warum geht Paul durch die Wohnung?
- Was machst du, wenn du nach Hause kommst?

Therapie:

- Was hast du gemacht, wenn du nach Hause kamst?
- Warum hast du das so gemacht?
- Was hast du erwartet vorzufinden?
- Wie hast du dich gefühlt?

6

Fragestellung bei Verdacht auf häusliche Gewalt:

- Wie geht es Paul jetzt?
- Was glaubst du, warum es ihm so geht?

Therapie:

- Was brauchst du, um dich so zu fühlen wie Paul?
- Gibt es einen Ort, an dem du dich sicher fühlst?
- Was liebst/magst du an diesem Ort besonders?

7

Fragestellung bei Verdacht auf häusliche Gewalt / Therapie:

- Wie geht es den Beiden?
- Was machst du gerne mit deiner Mutter?
- Wie sieht dein Nachmittag zu Hause aus?
- Wie ist es bei dir? Wer ist nachmittags zu Hause?
  Wie ist es für dich, dass Person XY zu Hause ist?

Fragestellung bei Verdacht auf häusliche Gewalt:

- Warum muss alles in Ordnung sein, wenn der Papa nach Hause kommt?
- Wie ist es bei euch zu Hause?

Therapie:

- Was wäre (ist) passiert, wenn ihr nicht alles aufgeräumt hättet (habt)?
- Wie war das dann für dich?
- Was hast du getan?
- Wie ging es dir dabei?

Fragestellung bei Verdacht auf häusliche Gewalt:

- Was machst du, wenn der Papa nach Hause kommt?
- Warum machst du das?
- Was glaubst du, warum Paul seinem Vater die Hausaufgaben zeigt und ihm sagt, dass schon alles aufgeräumt ist?

Therapie:

- Wie ging es dir, wenn dein (Stief-) Papa nach Hause kam?
- Was hast du erwartet?
- Konntest du etwas machen, damit dein Papa nicht wütend wurde?
- Wer hat die Verantwortung dafür, dass es Mama, Papa, dir, gut und schlecht geht?
- Was hat deine Mutter (Geschwister) gemacht?
- Warum hat deine Mutter (Geschwister) sich so verhalten?
- Was glaubst du, wie es der Mama und den Geschwistern ging?
- Was würdest du dir wünschen, wie der Papa sich verhalten soll?

10

11

Fragestellung bei Verdacht auf häusliche Gewalt:

- Wie geht es dem Vater?
- Wie ist es bei dir zu Hause (Hausarbeit)?
- Was glaubst du würde passieren, wenn der Vater bei seinem Fernsehprogramm gestört würde?
- Trinkt dein Vater auch Bier oder anderen Alkohol?
- Wie verhält sich dein Vater, wenn er getrunken hat?

Therapie:

- Wie ging es dir, wenn er getrunken hat?
- Gab es etwas, wovor du dann Angst hattest?
- Was wäre das Schlimmste, was hätte passieren können?

12

Fragestellung bei Verdacht auf häusliche Gewalt:

- Wie ist die Zubettgehsituation bei euch zu Hause?

Therapie:

- Wie hättest du dir das Zubettgehen gewünscht?

13

Fragestellung bei Verdacht auf häusliche Gewalt:

- Was meint Paul damit?
- Hast du jemanden, mit dem du reden kannst?

Therapie:

- Wann hättest du jemanden zum Reden gebraucht?
- Mit wem würdest du gerne darüber reden?

14

Fragestellung bei Verdacht auf häusliche Gewalt:

- Woher können die Geräusche kommen?
- Bist du auch schon mal durch laute Geräusche geweckt worden? Wenn ja, woher sind diese gekommen?

Therapie:

- Woran hast du als erstes gedacht, wenn du durch Geräusche geweckt wurdest?
- Was hast du getan/gedacht/gefühlt?
- Wie war es bei dir? (zu welcher Tageszeit)
- Wie ging es dir, wenn nebenan gestritten wurde?
- Was hättest du gerne gemacht?

15

Fragestellung bei Verdacht auf häusliche Gewalt:

- Wie geht es Paul jetzt?
- Was könnte Paul tun?

Therapie:

- Was hast du gemacht? Was hättest du gerne gemacht?
- Was glaubst du, was Kinder in einer solchen Situation machen können?

Ein Tag in Pauls Familie

Vertiefende Themen und Arbeitsvorschläge

Vertiefende Themen und Arbeitsvorschläge: Umgang mit Gefühlen

Schuld- und Schamgefühle/Überforderung

Das Aufwachsen in einer von Gewalt geprägten Umgebung bringt viele Situationen mit sich, die bei Kindern Schuld- und Schamgefühle entstehen lassen. Können diese Gefühle nicht abgebaut werden, kann dies zu einer Selbstwertproblematik führen, die einer positiven Entwicklung des Kindes im Wege steht.

- Anhand der kognitiven Umstrukturierung können in Form von Rollenspielen die vorhandenen Schuld- und Schamgefühle der Kinder, z. B. nicht ausreichend geschützt zu haben, bearbeitet werden. Hier gibt es die Möglichkeit durch das Aufzeigen der beteiligten Personen die Größen- und Machtunterschiede deutlich zu machen (Darstellung anhand von Zeichnungen oder Familienbrett). Die Erkenntnis, eigentlich keine Chance gehabt zu haben gegen die schlagende Person, enthebt die Kinder und Jugendlichen von Schuld und Verantwortung.
- Die Anfertigung einer Liste, bezogen auf die Verantwortungen von Erwachsenen vs. Kinder dient der Entlastung der oftmals zu stark übernommenen Verantwortung der Kinder.
- Durch das Zuordnen von Verantwortungsbausteinen (Holzklötze) kann den Kindern „begreifbar“ gemacht werden, dass die Verantwortung bei der Gewalt ausführenden Person liegt.

Wut

Wut ist etwas Natürliches. Viele Kinder (und Erwachsene) schämen sich aber für dieses Gefühl und haben Angst, die Wut nicht kontrollieren zu können. Aus diesem Grunde ist es wichtig, den Kindern Möglichkeiten aufzuzeigen, um mit der Wut so umzugehen, dass sie weder sich noch anderen schaden.

- Dazu eignen sich unter anderem das Erstellen eines Wutsäckchens oder Kissens, gefüllt mit Watte, Sand oder Körnern, die beschimpft, geschlagen, geworfen und getreten werden können.
- Eine weitere Möglichkeit sind Wutbilder, auf denen die Kinder entweder reale Situationen darstellen, in denen sie Wut empfinden, oder durch Farben/Symbole dieses Gefühl ausdrücken.

- Gut geeignet sind auch Kampfspiele, bei denen feste Regeln beachtet werden müssen (Boxsack, Batakas, Ringkampf).
- Bestrafungsfantasien ausdrücken (z. B. Malen, Rollenspiel)

Angst / Hilflosigkeit

Die Ängste, die Kinder entwickeln, die Zeugen von häuslicher Gewalt geworden sind, können sehr vielfältig sein. Die existentiell bedrohlichste Angst ist die vor dem Tod der Mutter. Nicht selten führen diese Ängste zur massiven Entwicklungs- und Handlungseinschränkung. Damit die Kinder Angst wieder als lebensnotwendiges Gefühl erleben können, dass uns oft vor Gefahren und falschen Handlungsweisen schützt, sollten Angsterfahrungen besprochen und auf unterschiedlichste Art bearbeitet werden. Wie z. B.:

- Angstbild (siehe Wutbild)
- Arbeiten an Alpträumen (Traumfänger / Gute-Träume-Stern / Verbotsschilder für böse Träume)
- Mutmachgeschichten
- Gespräche über Bedeutung und Aufgabe von Angst
- Rollenspiele (Erarbeiten von Handlungsstrategien in Rollenspielen / Gespräch)
- Imagination, z. B. sicherer Ort / Tresorübung
- Entspannungsübungen (Traumreisen, Muskelentspannung PMR)

Vertrauen

Das Leben in einem Umfeld, in dem es zur Gewalt zwischen den Erwachsenen Partnern kommt/gekommen ist, wirkt sich auf Kinder extrem verunsichernd aus. Die ständige Anspannung macht es dem Kind unmöglich, Vertrauen in die Menschen seiner Umgebung und auch in sich selbst zu fassen. Ein soziales Miteinander kann aber nur entstehen, wenn man fähig ist zu vertrauen. Daher bietet es sich an, mit den Kinder folgende Fragestellung zu erörtern:

- Was brauche ich, um jemandem vertrauen zu können?
- Wem kann ich vertrauen und warum?
- Wem kann ich nicht vertrauen und warum?

Selbstwert

Die von Demütigung und Abwertung geprägte Atmosphäre sowie die immer wieder erlebte Hilflosigkeit führen dazu, dass Kinder sich kaum wertschätzen können und auch davon ausgehen, von anderen nicht wertgeschätzt zu werden.

- Die Erstellung einer Liste über Stärken und Schwächen der eigenen Person kann Kinder helfen, sich so zu akzeptieren, wie sie sind. Es können gemeinsam Ideen entwickelt werden, vermeintliche Schwächen zu bearbeiten. Die Stärken können sichtbar gemacht und weiter ausgebaut werden, damit sie im alltäglichen Umgang mit Menschen und Problemen bewusst eingebracht werden. Hier erlebt sich das Kind als selbstwirksam.
- Soziales Kompetenztraining (eigene Grenzen erkennen; Wahrnehmung der eigenen Bedürfnisse; Übung zur Verbesserung der eigenen kommunikativen Fähigkeiten; adäquate Selbstbehauptung, setze ich mich aggressiv / unsicher / selbstsicher durch und welche Konsequenzen ergeben sich aus den jeweiligen Durchsetzungsstilen.

Ambivalenz

Kinder, die in Familien aufwachsen, in denen es gewalttätige Eltern gibt, sind zwischen Gefühlen von Liebe, Unverständnis und Hass hin und her gerissen. Wie in der Einleitung beschrieben, erleben sich die Kinder in ihrer erlebten Ambivalenz oft als nicht „richtig“. Sie fragen sich: „Wie können Gefühle von Liebe und Hass gleichzeitig vorhanden sein, und darf ich überhaupt etwas Schlechtes über meine Eltern denken, sagen, fühlen? Durch die angegebenen Fragestellungen sollen die Kinder erfahren, dass negative wie auch positive Gefühle in verschiedenen Situationen gegenüber den Eltern in Ordnung sind.

- Was mag ich an meinem Vater / Mutter?
- Was mag ich nicht an meinem Vater / Mutter?

Rollenbilder

- Das Erstellen von Collagen zum Rollenverständnis (Mann/Frau) gibt Aufschluss über das bereits erlernte Modellverhalten der Kinder. Wird die Frau als Hausfrau erlebt, die mit ihren Wünschen unbeachtet bleibt und sich dem Mann unterwerfen muss? Wird in einer Collage deutlich, dass auch der Mann Ängste hat und nicht immer Herr der Lage ist? Kann ein aus der Zeitung ausgeschnittener Herd mit Pfannen auch unter ein Bild eines Mannes geklebt werden? Wer entscheidet, was typisch männlich und weiblich ist? Die Anfertigung einer Collage bietet die Möglichkeit, über Rollenbilder ins Gespräch zu kommen.
- Mit der Fragestellung: „Wie würde mein(e) Traumpapa/-mama aussehen? Können Vergleiche gezogen werden zwischen Realität und Wunsch mit Ziel, unberechtigte Hoffnung abzubauen und darüber ins Gespräch zu kommen, welche Gedanken und Gefühle ein Kind im Umgang mit den eigenen Eltern begleitet. Es soll helfen, die erlebten Gefühle klarer benennen zu können und negative Gefühle bezogen auf die Eltern nicht als verwerflich zu sehen.
- Für die Gruppenarbeit eignet sich der Vorurteilswettbewerb. Die Kinder werden in zwei Gruppen aufgeteilt. Innerhalb einer festgesetzten Zeit fertigt jede Gruppe eine Liste darüber an, was Jungen bzw. Mädchen angeblich nicht können. In der ersten Runde hat die Gruppe gewonnen, die die meisten Vorurteilspunkte gefunden und benannt hat. Bei der zweiten Runde darf jede Gruppe bei der anderen einen Punkt streichen, wenn sie eine Begründung dafür geben kann. („Müssen Jungen aggressiv sein?“; Jens Krabel; Verlag an der Ruhr)

Geheimnisse

- Die Auseinandersetzung mit Geheimnissen ist etwas, was Kinder fasziniert und was sie für eine gesunde Entwicklung benötigen. Um den richtigen Umgang mit Geheimnissen zu lernen, ist es notwendig, den Kindern zu vermitteln, woran sie ein gutes von einem schlechten Geheimnis unterscheiden können (gutes Geheimnis = gutes Gefühl; schlechtes Geheimnis = schlechtes Gefühl).

  Für den weiteren Umgang mit Geheimnissen brauchen die Kinder die Information, dass schlechte Geheimnisse weiter erzählt werden dürfen an Personen, denen man vertraut und von denen man glaubt, dass sie einem helfen können. (Arbeitsmaterialien „Fühlen – Wahrnehmen – Handeln“; Ernst Klett Grundschulverlag)

Literatur / Material

- Rosa vom See; Metzger, Erika / Wella, Eva-Regina, 2002 (mebes & noack)
- Ein Dino zeigt Gefühle; Manske, Christa / Löffel, Heike, 1996 (mebes & noack)
- Ich und meine Gefühle; Kreul, Holde, 2004 (Loewe Verlag)
- Gefühle sind wie Farben; Aliki, 1987 (Beltz & Gelberg)
- Hallo wie geht es dir? Gefühle-Quartett; Reichling, Ursula / Wolters, Dorothee, 1994 (Verlag an der Ruhr)
- Irgendwie Anders; Cave, Kathryn / Riddel, Chris, 1994 (Friedrich Oetinger Verlag)
- Schön blöd; Enders, Ursula / Wolters, Dorothee, 1994 (Anrich Verlag)
- Die Maus, das Monster und Ich; Palmer, Pat, 2005 (mebes & noack)
- Auf Wieder - Wiedersehen; Enders, Ursula, 1994 (Beltz)
- Rosi in der Geisterbahn; Waechter, Philip, 2005 (Beltz)

Protokollbogen *(als Kopiervorlage)*

Protokollbogen *(als Kopiervorlage)*

1

2

3

4

5a
5b
5c

6

7

....
....
....
....
....
....
....
....

8

....
....
....
....
....
....
....
....

9

....
....
....
....
....
....
....
....

10

11

12

13

14

15

Notizen

Notizen

Über die Autoren

Daniel Seyfried

Diplom Sozialpädagoge
Kinder- und Jugendlichen-Psychotherapeut i. A.

Seit 2002 Mitarbeiter in der Caritas Beratungsstelle gegen Misshandlung, Vernachlässigung und sexuellen Missbrauch von Kindern und Jugendlichen, Hilfe bei häuslicher Gewalt, Neue Wege in Bochum

Regina Winkler

Erzieherin, Diplom Heilpädagogin
Langjährige Mitarbeit im Kindergarten (Kindertagesstätte), Erziehungsberatungsstelle

Seit 1995 Mitarbeiterin in der Caritas Beratungsstelle gegen Misshandlung, Vernachlässigung und sexuellen Missbrauch von Kindern und Jugendlichen, Hilfe bei häuslicher Gewalt, Neue Wege in Bochum

Andrea Zielke

Illustrationen und Umschlagbild

Danksagung

Wir sagen Danke

Für die Unterstützung zur Realisierung dieses Buches bedanken wir uns bei:

Bochum

Ärztliche und psychosoziale
Beratungsstelle gegen Misshandlung,
Vernachlässigung und sexuellen Missbrauch
von Kindern

Bochum

Kinderschutzambulanz:
Alexandrinenstr. 9, 44791 Bochum
Tel.: 0234 / 503669, Fax: 0234 / 9503059
E-Mail: neuewege@caritas-bochum.de